AF276133

JARDÍN DE FUEGO

un libro que habla de un instante de vida

Bartolomé Ferrando

Colección
Libros de la Hospitalidad

JARDÍN DE FUEGO

© Bartolomé Ferrando
© Ilustración de portada y contraportada:
David Gómez Cardenete
© de esta edición: Olé Libros, 2024

Colección dirigida por Viktor Gómez «Valentinos»

ISBN: 978-84-10053-32-8
Depósito legal: V-3108-2024
Impreso en España

No se permite la reproducción total o parcial de este libro, ni su incorporación a un sistema informático, ni su transmisión en cualquier forma o por cualquier medio, sea este electrónico, mecánico, por fotocopia, por grabación u otros métodos, sin el permiso previo y por escrito del editor. La infracción de los derechos mencionados puede ser constitutiva de delito contra la propiedad intelectual (Arts. 270 y siguientes del Código Penal). Las solicitudes para la obtención de dicha autorización total o parcial deben dirigirse a CEDRO (Centro Español de Derechos Reprográficos).

KALOSINI, S. L.
Grupo editorial **olélibros**
equipo@olelibros.com
www.olelibros.com

a mi hija Irene

JARDÍN DE FUEGO

sin saberlo

estás sentada
entre pétalos de tiempo

ya roto

de un tiempo
que de vez en cuando
abría sus cajones

para sacar
objetos comunes diversos

de esos que
ves y oyes a diario

en cualquier lugar

de esos que
al abrir su lenguaje

se cuartean
y deshacen
al instante

como también lo hacen
a su modo

la atmósfera
y la luz

generando escombros
con sus cuerpos descompuestos

entre trozos de sentido

la atención se une a la atención
y se duplica

la intención
se ha quebrado

y el cementerio
vive lleno de tiempo

latidos de penumbra

provistos de un sabor frágil

harapos de entusiasmo

de la sombra de un clavo

colgaban los colores

los rasgos de los objetos

no siempre viven juntos

el azar
que arrastra su biografía rota

es una fuente de matices

y la tranquilidad
con su letanía perezosa

se ha ido propagando en todas direcciones

adicta a la fragilidad

te encaminas hacia ella

la coges con tus manos

y la viertes

de manera silenciosa

con unas manos
que acarician

a intervalos

gotas de vida

y de vidrio

que el tiempo corta

en fragmentos irregulares

manos que acarician el aire

allí donde las palabras

se quedan en suspenso

y en donde

en ocasiones

de forma espontánea

inician su propia danza

cada una a su modo

criadero de afonías

pliegue aéreo

en el hueco de la arruga

hay restos de vocales

con unas manos que acarician el agua

sin que el agua lo sepa

gotas

que remueven su carne líquida

contenida

en un mar a medida

trozos de música flotante

llenos de
instantes blandos

rio de vidrio

que te ha dado a conocer

tonalidades de

ternura acuática

con unas manos que muestran

cristales de noche adelgazada

migas negras

mezcladas con trozos de imágenes diversas

con olor a inocencia
se asfixia el día

el cronómetro
roe el tiempo

más allá

en un rincón

encuentras el cadáver

del otoño

el espacio

con su vestido transparente

se ha tatuado de noche

se ha quitado su ropa sucia

y se muestra desnudo

es un espacio

que ha cambiado de forma

lo que antes era rectilíneo

se ha vuelto circular

y sus líneas

se han puesto en pie

y se han convertido en bloques

de gran altura

es un espacio

atiborrado de sonidos

que brotan

cuando se desenrolla el horizonte

es un espacio

que al vomitar viento

se araña a sí mismo

la verdad
está encarcelada

una gran cantidad de chirridos
se muestran enganchados entre sí

el comienzo se abre de muchas formas

y tú escoges una de ellas

hace frío

y el hielo resbala sobre sí mismo

amontonándose

en el fondo de la página

la amputación del poema

ha sido inevitable

hace frío

y está provisto de una prisa afilada

que excava túneles hacia atrás

en el tiempo

hace frío

y hasta el número 1

tiene todos sus músculos entumecidos

duele el tiempo

entre partículas de inocencia

duele el tiempo

entre grumos de silencio

duele el tiempo

en las esquinas de la memoria

tiempo que se ha deformado

y que se expone descarnado

tiempo que se desliza
sin decir nada

tiempo que se dobla tanto

que el principio se toca con el final

no hay sitio para la pausa

todo está repleto de voces tenues

difuminadas

en tu armario del lenguaje

mientras recorres el espacio

girando sobre ti misma

enhebrando tus gestos

en el ojal del aire

la fragilidad

con todas sus venas al aire

se ha vestido de fortaleza

territorio aéreo

la oscuridad

entra en tus ojos
y te invade

tu mirada tiene sus labios quebradizos

y sus ojos bordados de luz

repletos de nidos de sombra

es una luz

ya madura

saturada de sangre traslúcida

que se ha deshecho en blanco

allí donde sus astillas

se han clavado y desperdigado por todas partes

solo queda algo de espuma blanda

llena de cicatrices

sobre una superficie brillante

y cierta ceniza nívea

que no tenía espacio en el interior de la luz

tu danza

está concentrada en un gesto

el viento

roza el silencio y lo incendia

el vértigo

tiembla ante sí mismo

todo es ausencia

sobre tus brazos

mantienes en suspenso un puñado de brasas

jardín de fuego

el crepúsculo se descuelga poco a poco

y se asfixia

restos paralizados

ruinas de miedo

a causa de un silencio

que hiere el tiempo

fábrica subterránea

la noche

con sus huesos al aire

camina sobre sus piernas débiles

y se muestra llena de agujeros

todos los roedores están al acecho

noche

con sus regaderas de luz medio vacías

que ha empezado ya a reunir y a encolar sus propios trozos negros

mezclados con vísceras dispersas

de su cadáver

enterrado

y medio podrido

noche
que tiembla

y se desgarra

mostrando distintas tonalidades de incendio

noche que
con sus ladrillos oscuros

ha tapiado el paisaje

un deseo sin centro

te produce dolor

y te arranca algo de ti misma

es un deseo que esconde

gran cantidad de escombros

entre sus cenizas

y se expone

rodeado de ventanas

que miran al exterior

deseo invisible

que se arrastra por el suelo como un animal

y tiene un doble fondo

donde se esconde

enredado en sí mismo

entre gotas de fiebre

hay melodías paralíticas

que impregnan los objetos

sus sonidos

han atravesado

la membrana del silencio

de un silencio hilvanado

que tiene su tacto en carne viva

de un silencio que se rompe

para caer en otro

de un silencio

en el límite del silencio

de un silencio

que hierve de pronto

y evapora ecos tiernos

pavesas sonoras

que envejecen

hasta desaparecer

fue en aquel lugar

donde un bloque de espacios vivos

te miraba a distancia

entre paredes de niebla

cuando todos los matices de la atención

te acompañaban

caminas el tiempo

abrazada al alfabeto

a un alfabeto marchito

por las sendas del habla

y al caminar

sobre los dedos de las piedras

sientes el tacto

de superficies calvas

y notas

que el color oscuro

se deshace en tonalidades

vives
entre sueños agujereados

entre sueños diminutos

entre sueños que reptan

entre sueños que tocan todo lo que encuentran

pero también entre sueños densos que no se dejan atravesar

y que se abren en dos partes desiguales

un cansancio todavía niño

se asoma

dando forma a un paisaje blando

que te toca con su cuerpo

brotan imágenes

recorrido frágil

hay minutos que están recubiertos de llagas

el deseo tiene su lengua cosida

y entonces

casi sin saberlo

te introduces en un baño de equilibrios

de colores acróbatas

allí donde el agujero

se muestra enamorado de la profundidad

tu habla

en ese instante

se ha quedado suspendida en el aire

como lo están las ramas de los árboles

es un habla magullada

que se desmiga

y desparrama sus fonemas

sobre la tierra

es un habla marchita

que apenas tiene forma

es un habla descarnada

rodeada de vacío

es un habla en ruinas

que está perforando la noche

el recorrido

está desnutrido

un segundo ha mordido a un minuto

y le ha arrancado un trozo

fermenta la afonía

sobre un pantano de burbujas

de habla

sin pensarlo apenas

entras en tu memoria

que se ha roto

y se ha escapado por los agujeros del tiempo

allí
donde su peso

ha aplastado tus últimos recuerdos

es una memoria
en desguace

es una memoria
que se ha teñido de negro

y apenas recuerda nada

es una memoria
sin memoria

los instantes

han ido envejeciendo

y tú

sin saberlo

al abrirlos uno tras otro

con una llave que no era la suya

los has disuelto

por las grietas del tiempo

han surgido

milímetros deshabitados

con cierto sabor a vacío

y algo de olor a música

a una música inocente

que baila en equilibrio sobre sus propios pies

sin llegar nunca al cansancio

vives
entre los surcos de un tiempo

que se había adelgazado

y se movía muy deprisa

con sus asas desgastadas

masticando minutos sin descanso

el bloque de tus pensamientos está escondiéndose

llevando consigo sus recuerdos

que se mueven y desplazan con toda su tribu

todo se concentra
en los vértices de las ideas

y es allá arriba
adonde trepan

escalando
hasta el territorio del grito

otras mucho más frágiles y quebradizas

nudo prisionero de sí mismo

donde se oye el latir del sentido

la cicatriz se ha abierto

y deja pasar la luz

danza entre el polvo

siesta de consonantes

aldea de susurros

toco el vértigo

la inmovilidad se deshace

del corazón de la noche
surgen palabras

con su esqueleto sonoro

infectando todos los huecos

son palabras que tienen los poros ardiendo

y se han quedado medio enganchadas

entre las ramas del habla

son palabras que al abrirse

se han golpeado entre sí

y que al pronunciarse

han estallado

son palabras

que han caído en desuso

provenientes de un lenguaje envejecido

son palabras

que pesan y se hunden

amontonadas por la voz

migas y cáscaras

de palabras muertas

huecos de vacío

que contienen y albergan su propio peso

y que con todos sus ojos abiertos

te miraban atentamente

vacío fértil

que se ha desvanecido al instante

vacío sin espinas

que tiene vivas
todas sus vísceras

volutas de vacío

los dos bordes de la voz

están deteriorados

y llenos de gritos

son bordes que

con sus grandes ojos tejidos

multiplican el habla

voz que se deshoja

voz que cambia de tono

apoyándose en sus bisagras

voz que se desgarra

y se parte en dos

voz que se resbala

y se cae al suelo

carne de grito

cuyos dedos te tocan

por todo el cuerpo

carne de grito

que desabrocha sus gemidos

uno a uno

carne de grito

que de pronto se ha secado

y ha dejado de sonar

hay paréntesis en el espacio

que están afilados como cuchillas

y que

atravesados por el habla

cortan a trozos las sílabas que abrazan

maquinaria aérea

con sus ejes de luz

y sus bielas metálicas

anclada

en las raíces

del dolor

la página

está repleta de sílabas muertas

nidos de sílaba
nudos de sílaba

que tienen una corta dimensión

y se deshacen en el aire

un leve ruido

invade el silencio

del aire incoloro

herencia del vacío

silencio

que estimula la curación del tiempo

silencio

que logra acariciar lo insignificante

es el ruido de tu habla

producido por el roce entre dos recuerdos

que se deshoja

y se deshace a trozos

goteando voz

y así

con un lenguaje casi inaudible

lavas las palabras

y las pones a punto

a fin de engendrar objetos

que respiren de nuevo

el tiempo

del intervalo

se ha dormido

a la izquierda del comienzo

hay otro comienzo

se abre una tormenta

con su piel de viento

fue entonces

cuando al beber tu risa

llena de agujeros

sin quererlo

manchaste tu vestido

de sangre transparente

tras la autopsia de la noche

llueve luz

con sus manos

llenas de telarañas

río de fuego